KB205857

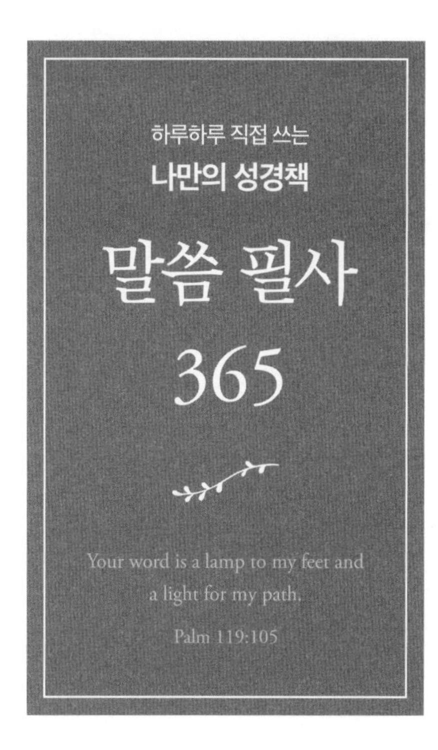

필사 범위 :

시작한 날 :

마친 날 :

성경 쓰기표

창세기	1	2	3	4	5	6	7	8	9	10	11	12	13	14	15	16	17	18	19	20	21	22	23	24	25	26	27	28	29	30	31	32	33	34	35	36
	37	38	39	40	41	42	43	44	45	46	47	48	49	50																						
출애굽기	1	2	3	4	5	6	7	8	9	10	11	12	13	14	15	16	17	18	19	20	21	22	23	24	25	26	27	28	29	30	31	32	33	34	35	36
	37	38	39	40																																
레위기	1	2	3	4	5	6	7	8	9	10	11	12	13	14	15	16	17	18	19	20	21	22	23	24	25	26	27									
민수기	1	2	3	4	5	6	7	8	9	10	11	12	13	14	15	16	17	18	19	20	21	22	23	24	25	26	27	28	29	30	31	32	33	34	35	36
신명기	1	2	3	4	5	6	7	8	9	10	11	12	13	14	15	16	17	18	19	20	21	22	23	24	25	26	27	28	29	30	31	32	33	34		
여호수아	1	2	3	4	5	6	7	8	9	10	11	12	13	14	15	16	17	18	19	20	21	22	23	24												
사사기	1	2	3	4	5	6	7	8	9	10	11	12	13	14	15	16	17	18	19	20	21															
룻기	1	2	3	4																																
사무엘상	1	2	3	4	5	6	7	8	9	10	11	12	13	14	15	16	17	18	19	20	21	22	23	24	25	26	27	28	29	30	31					
사무엘하	1	2	3	4	5	6	7	8	9	10	11	12	13	14	15	16	17	18	19	20	21	22	23	24												
열왕기상	1	2	3	4	5	6	7	8	9	10	11	12	13	14	15	16	17	18	19	20	21	22														
열왕기하	1	2	3	4	5	6	7	8	9	10	11	12	13	14	15	16	17	18	19	20	21	22	23	24	25											
역대상	1	2	3	4	5	6	7	8	9	10	11	12	13	14	15	16	17	18	19	20	21	22	23	24	25	26	27	28	29							
역대하	1	2	3	4	5	6	7	8	9	10	11	12	13	14	15	16	17	18	19	20	21	22	23	24	25	26	27	28	29	30	31	32	33	34	35	36
에스라	1	2	3	4	5	6	7	8	9	10																										
느헤미야	1	2	3	4	5	6	7	8	9	10	11	12	13																							
에스더	1	2	3	4	5	6	7	8	9	10																										
욥기	1	2	3	4	5	6	7	8	9	10	11	12	13	14	15	16	17	18	19	20	21	22	23	24	25	26	27	28	29	30	31	32	33	34	35	36
	37	38	39	40	41	42																														
시편	1	2	3	4	5	6	7	8	9	10	11	12	13	14	15	16	17	18	19	20	21	22	23	24	25	26	27	28	29	30	31	32	33	34	35	36
	37	38	39	40	41	42	43	44	45	46	47	48	49	50	51	52	53	54	55	56	57	58	59	60	61	62	63	64	65	66	67	68	69	70	71	72
	73	74	75	76	77	78	79	80	81	82	83	84	85	86	87	88	89	90	91	92	93	94	95	96	97	98	99	100	101	102	103	104	105	106	107	108
	109	110	111	112	113	114	115	116	117	118	119	120	121	122	123	124	125	126	127	128	129	130	131	132	133	134	135	136	137	138	139	140	141	142	143	144
	145	146	147	148	149	150																														
잠언	1	2	3	4	5	6	7	8	9	10	11	12	13	14	15	16	17	18	19	20	21	22	23	24	25	26	27	28	29	30	31					
전도서	1	2	3	4	5	6	7	8	9	10	11	12																								
아가	1	2	3	4	5	6	7	8																												
이사야	1	2	3	4	5	6	7	8	9	10	11	12	13	14	15	16	17	18	19	20	21	22	23	24	25	26	27	28	29	30	31	32	33	34	35	36
	37	38	39	40	41	42	43	44	45	46	47	48	49	50	51	52	53	54	55	56	57	58	59	60	61	62	63	64	65	66						
예레미야	1	2	3	4	5	6	7	8	9	10	11	12	13	14	15	16	17	18	19	20	21	22	23	24	25	26	27	28	29	30	31	32	33	34	35	36
	37	38	39	40	41	42	43	44	45	46	47	48	49	50	51	52																				
예레미야애가	1	2	3	4	5																															
에스겔	1	2	3	4	5	6	7	8	9	10	11	12	13	14	15	16	17	18	19	20	21	22	23	24	25	26	27	28	29	30	31	32	33	34	35	36
	37	38	39	40	41	42	43	44	45	46	47	48																								
다니엘	1	2	3	4	5	6	7	8	9	10	11	12																								
호세아	1	2	3	4	5	6	7	8	9	10	11	12	13	14																						
요엘	1	2	3																																	
아모스	1	2	3	4	5	6	7	8	9																											
오바댜	1																																			
요나	1	2	3	4																																
미가	1	2	3	4	5	6	7																													
나훔	1	2	3																																	
하박국	1	2	3																																	
스바냐	1	2	3																																	
학개	1	2																																		
스가랴	1	2	3	4	5	6	7	8	9	10	11	12	13	14																						
말라기	1	2	3	4																																

마태복음	1	2	3	4	5	6	7	8	9	10	11	12	13	14	15	16	17	18	19	20	21	22	23	24	25	26	27	28								
마가복음	1	2	3	4	5	6	7	8	9	10	11	12	13	14	15	16																				
누가복음	1	2	3	4	5	6	7	8	9	10	11	12	13	14	15	16	17	18	19	20	21	22	23	24												
요한복음	1	2	3	4	5	6	7	8	9	10	11	12	13	14	15	16	17	18	19	20	21															
사도행전	1	2	3	4	5	6	7	8	9	10	11	12	13	14	15	16	17	18	19	20	21	22	23	24	25	26	27	28								
로마서	1	2	3	4	5	6	7	8	9	10	11	12	13	14	15	16																				
고린도전서	1	2	3	4	5	6	7	8	9	10	11	12	13	14	15	16																				
고린도후서	1	2	3	4	5	6	7	8	9	10	11	12	13																							
갈라디아서	1	2	3	4	5	6																														
에베소서	1	2	3	4	5	6																														
빌립보서	1	2	3	4																																
골로새서	1	2	3	4																																
데살로니가전서	1	2	3	4	5																															
데살로니가후서	1	2	3																																	
디모데전서	1	2	3	4	5	6																														
디모데후서	1	2	3	4																																
디도서	1	2	3																																	
빌레몬서	1																																			
히브리서	1	2	3	4	5	6	7	8	9	10	11	12	13																							
야고보서	1	2	3	4	5	6	7	8	9																											
베드로전서	1	2	3	4	5																															
베드로후서	1	2	3																																	
요한일서	1	2	3	4	5																															
요한이서	1																																			
요한삼서	1																																			
유다서	1																																			
요한계시록	1	2	3	4	5	6	7	8	9	10	11	12	13	14	15	16	17	18	19	20	21	22														

필사를 완성한 장은 펜으로 체크하세요!

말씀 필사 365 활용법

성경 책명과 이 페이지에 기록한 본문 범위를 적으세요. 즐겨 묵상하는 단락이나 구절을 적는다면, 주제나 제목을 적어도 좋습니다.

이 페이지를 기록한 날짜를 적으세요.

Title : 창세기 1장

Date : 2022 . 1 . 5

장이 시작되는 곳에는 장 수까지 함께 적으세요.

절이 시작되는 곳에 절 수를 적으세요.

절이 새로 시작되면 단을 바꿔서 적으세요.

1 태초에 하나님이 천지를 창조하시니라

2 땅이 혼돈하고 공허하며 흑암이 깊음 위에 있고 하나님의 신은 수면에 운행하시니라

3 하나님이 가라사대 빛이 있으라 하시매 빛이 있었고

4 그 빛이 하나님의 보시기에 좋았더라 하나님이 빛과 어두움을 나누사

5 빛을 낮이라 칭하시고 어두움을 밤이라 칭하시니라 저녁이 되며 아침이 되니 이는 첫째 날이니라

6 하나님이 가라사대 물 가운데 궁창이 있어 물과 물로 나뉘게 하리라 하시고

7 하나님이 궁창을 만드사 궁창 아래의 물과 궁창 위의 물로 나뉘게 하시매 그대로 되니라

8 하나님이 궁창을 하늘이라 칭하시니라 저녁이 되며 아침이 되니 이는 둘째 날이니라

9 하나님이 가라사대 천하의 물이 한곳으로 모이고 뭍이 드러나라 하시매 그대로 되니라

10 하나님이 뭍을 땅이라 칭하시고 모인 물을 바다라 칭하시니라 하나님의 보시기에 좋았더라

11 하나님이 가라사대 땅은 풀과 씨 맺는 채소와 각기 종류대로 씨 가진 열매 맺는 과목을 내라 하시매 그대로 되어

12 땅이 풀과 각기 종류대로 씨 맺는 채소와 각기 종류대로 씨 가진 열매 맺는 나무를 내니 하나님의 보시기에 좋았더라

13 저녁이 되며 아침이 되니 이는 세째 날이니라

여호와께 감사하며 그 이름을 불러 아뢰며 그 행사를 만민 중에 알게 할찌어다 _시 105:1

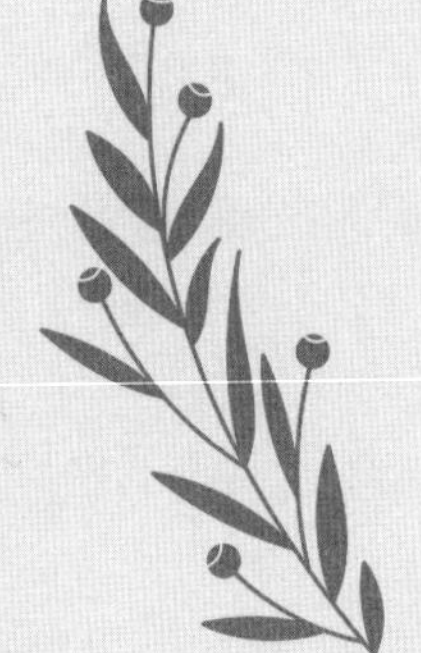

• 출처를 밝히지 않은 모든 성경 구절은 개역한글판에서 인용했습니다.

맨 처음 하나님이 자신을 표현하셨다.

개인적인 그 표현, 그 말씀은 하나님과 함께했으며 하나님 자신이었다.

맨 처음부터 하나님과 함께 존재했다.

그를 통해 모든 창조가 일어났고, 그가 없이는 아무 일도 일어나지 않았다.

그 안에서 생명이 나왔는데, 이 생명이 인류의 빛이었다.

요한복음 1:1-4, 필립스 성경

Title :

Date : . .

지혜가 네 영혼에게 이와 같은 줄을 알라 이것을 얻으면 정녕히 네 장래가 있겠고 네 소망이 끊어지지 아니하리라 _잠 24:14

Title :

Date : . .

하나님이여 사슴이 시냇물을 찾기에 갈급함 같이 내 영혼이 주를 찾기에 갈급하니이다 _시 42:1

Title :

Date :　　.　　.

풀은 마르고 꽃은 시들은 여호와의 기운이 그 위에 붊이라 이 백성은 실로 풀이로다 _사 40:7

Title :

Date : . .

또 여호와를 기뻐하라 저가 네 마음의 소원을 이루어 주시리로다 _시 37:4

Title :

Date : . .

Title :

Date : . .

나의 교훈은 내리는 비요 나의 말은 맺히는 이슬이요 연한 풀 위에 가는 비요 채소 위에 단 비로다_신 32:2

Title :

Date : . .

Title :

Date : . .

Title :

Date : . .

우리가 시작할 때에 확실한 것을 끝까지 견고히 잡으면 그리스도와 함께 참예한 자가 되리라 _히 3:14

Title :

Date : . .

사람의 마음에는 많은 계획이 있어도 오직 여호와의 뜻이 완전히 서리라 _잠 19:21

Title :

Date : . .

Title :

Date : . .

그러므로 나의 사랑하고 사모하는 형제들, 나의 기쁨이요 면류관인 사랑하는 자들아 이와 같이 주 안에 서라 _빌 4:1

Title :

Date : . .

Title :

Date : . .

Title :

Date : . .

Title :

Date : . .

그러므로 우리가 믿음으로 의롭다 하심을 얻었은즉 우리 주 예수 그리스도로 말미암아 하나님으로 더불어 화평을 누리자 _롬 5:1

Title :

Date : . .

하나님은 온 땅에 왕이심이라 지혜의 시로 찬양할찌어다 _시 47:7

Title :

Date : . .

Title :

Date : . .

너희도 성령 안에서 하나님의 거하실 처소가 되기 위하여 예수 안에서 함께 지어져 가느니라 _엡 2:22

Title :

Date : . .

지혜를 버리지 말라 그가 너를 보호하리라 그를 사랑하라 그가 너를 지키리라_잠 4:6

Title :

Date : . .

Title :

Date : . .

그런즉 너희는 이 언약의 말씀을 지켜 행하라 그리하면 너희의 하는 모든 일이 형통하리라_신 29:9

Title :

Date : . .

대저 여호와는 지혜를 주시며 지식과 명철을 그 입에서 내심이며 _잠 2:6

Title :

Date : . .

여호와의 율법은 완전하여 영혼을 소성케 하고 여호와의 증거는 확실하여 우둔한 자로 지혜롭게 하며 _시 19:7

Title :

Date : . .

하나님은 모든 사람이 구원을 받으며 진리를 아는데 이르기를 원하시느니라 _딤전 2:4

Title :

Date : . .

오직 너희 하나님 여호와를 경외하라 그가 너희를 모든 원수의 손에서 건져내리라 하셨으나 _왕하 17:39

Title :

Date : . .

Title :

Date : . .

주께서 너희 마음을 인도하여 하나님의 사랑과 그리스도의 인내에 들어가게 하시기를 원하노라 _살후 3:5

Title :

Date : . .

그러므로 우리가 긍휼하심을 받고 때를 따라 돕는 은혜를 얻기 위하여 은혜의 보좌 앞에 담대히 나아갈 것이니라 _히 4:16

Title :

Date : . .

Title :

Date : . .

오직 주의 말씀은 세세토록 있도다 하였으니 너희에게 전한 복음이 곧 이 말씀이니라 _벧전 1:25

Title :

Date : . .

묵시가 없으면 백성이 방자히 행하거니와 율법을 지키는 자는 복이 있느니라 _잠 29:18

Title :

Date :   .   .

나의 하나님이여 내가 주의 뜻 행하기를 즐기오니 주의 법이 나의 심중에 있나이다 하였나이다 _시 40:8

Title :

Date : . .

율법의 교훈을 받아 하나님의 뜻을 알고 지극히 선한 것을 좋게 여기며 _롬 2:18

Title :

Date : . .

네 모든 자녀는 여호와의 교훈을 받을 것이니 네 자녀는 크게 평강할 것이며 _사 54:13

Title :

Date : . .

저희가 사도의 가르침을 받아 서로 교제하며 떡을 떼며 기도하기를 전혀 힘쓰니라 _행 2:42

Title :

Date : . .

나는 오직 주의 인자하심을 의뢰하였사오니 내 마음은 주의 구원을 기뻐하리이다 _시 13:5

Title :

Date : . .

내가 아버지의 계명을 지켜 그의 사랑 안에 거하는것 같이 너희도 내 계명을 지키면 내 사랑 안에 거하리라 _요 15:10

Title :

Date : . .

진리의 말씀과 하나님의 능력 안에 있어 의의 병기로 좌우하고 _고후 6:7

Title :

Date : . .

Title :

Date : . .

오직 그 말씀이 네게 심히 가까와서 네 입에 있으며 네 마음에 있은즉 네가 이를 행할 수 있느니라 _신 30:14

Title :

Date : . .

Title :

Date : . .

그 마음에는 하나님의 법이 있으니 그 걸음에 실족함이 없으리로다 _시 37:31

Title :

Date : . .

Title :

Date : . .

내 아들아 너는 듣고 지혜를 얻어 네 마음을 정로로 인도할지니라 _잠 23:19

Title :

Date : . .

Title :

Date : . .

나의 방패는 마음이 정직한 자를 구원하시는 하나님께 있도다 _시 7:10

Title :

Date :　　　.　　　.

Title :

Date : . .

좋은 땅에 있다는 것은 착하고 좋은 마음으로 말씀을 듣고 지키어 인내로 결실하는 자니라 _눅 8:15

Title :

Date : . .

여호와를 경외하는 것이 지식의 근본이어늘 미련한 자는 지혜와 훈계를 멸시하느니라 _잠 1:7

Title :

Date : . .

아무 것도 염려하지 말고 오직 모든 일에 기도와 간구로, 너희 구할 것을 감사함으로 하나님께 아뢰라 _빌 4:6

Title :

Date : . .

너는 하나님의 하신 일 찬송하기를 잊지 말찌니라 인생이 그 일을 노래하였느니라 _욥 36:24

Title :

Date : . .

내가 하나님을 의지하여 그 말씀을 찬송하며 여호와를 의지하여 그 말씀을 찬송하리이다 _시 56:10

Title :

Date : . .

하나님의 지으신 모든 것이 선하매 감사함으로 받으면 버릴 것이 없나니 _딤전 4:4

Title :

Date : . .

그런즉 네 하나님 여호와를 사랑하여 그 직임과 법도와 규례와 명령을 항상 지키라 _신 11:1

Title :

Date : . .

새 계명을 너희에게 주노니 서로 사랑하라 내가 너희를 사랑한것 같이 너희도 서로 사랑하라 _요 13:34

Title :

Date : . .

Title :

Date : . .

사랑하는 자들아 너희는 너희의 지극히 거룩한 믿음 위에 자기를 건축하며 성령으로 기도하며 _유 1:20

Title :

Date : . .

오직 사랑 안에서 참된 것을 하여 범사에 그에게까지 자랄찌라 그는 머리니 곧 그리스도라 _엡 4:15

Title :

Date : . .

하나님이여 내 속에 정한 마음을 창조하시고 내 안에 정직한 영을 새롭게 하소서 _시 51:10

Title :

Date : . .

그가 경건하여 온 집으로 더불어 하나님을 경외하며 백성을 많이 구제하고 하나님께 항상 기도하더니 _행 10:2

Title :

Date : . .

하나님이여 나를 어려서부터 교훈하셨으므로 내가 지금까지 주의 기사를 전하였나이다 _시 71:17

Title :

Date : . .

인자와 진리로 네게서 떠나지 않게 하고 그것을 네 목에 매며 네 마음판에 새기라 _잠 3:3

Title :

Date : . .

Title :

Date : . .

모든 성경은 하나님의 감동으로 된 것으로 교훈과 책망과 바르게 함과 의로 교육하기에 유익하니 _딤후 3:16

Title :

Date : . .

주의 진리로 나를 지도하시고 교훈하소서 주는 내 구원의 하나님이시니 내가 종일 주를 바라나이다 _시 25:5

Title :

Date : . .

지혜가 너로 선한 자의 길로 행하게 하며 또 의인의 길을 지키게 하리니 _잠 2:20

Title :

Date : . .

너는 행복자로다 여호와의 구원을 너 같이 얻은 백성이 누구뇨 그는 너를 돕는 방패시요 너의 영광의 칼이시로다_신 33:29

Title :

Date : . .

Title :

Date : . .

예수께서 가라사대 내가 곧 길이요 진리요 생명이니 나로 말미암지 않고는 아버지께로 올 자가 없느니라 _요 14:6

Title :

Date : . .

Title :

Date : . .

내가 주의 법도 사랑함을 보옵소서 여호와여 주의 인자하신 대로 나를 소성케 하소서 _시 119:159

Title :

Date : . .

Title :

Date : . .

Title :

Date :   .   .

예수 그리스도로 말미암아 의의 열매가 가득하여 하나님의 영광과 찬송이 되게 하시기를 구하노라 _빌 1:11

Title :

Date : . .

Title :

Date : . .

나는 경건하오니 내 영혼을 보존하소서 내 주 하나님이여 주를 의지하는 종을 구원하소서 _시 86:2

Title :

Date : . .

Title :

Date : . .

그의 성령을 우리에게 주시므로 우리가 그 안에 거하고 그가 우리 안에 거하시는 줄을 아느니라 _요일 4:13

Title :

Date : . .

내게 구하라 내가 열방을 유업으로 주리니 네 소유가 땅 끝까지 이르리로다 _시 2:8

Title :

Date : . .

내 아들아 완전한 지혜와 근신을 지키고 이것들로 네 눈 앞에서 떠나지 않게 하라 _잠 3:21

Title :

Date : . .

Title :

Date : . .

주 앞에서 낮추라 그리하면 주께서 너희를 높이시리라 _약 4:10

Title :

Date : . .

Title :

Date : . .

여호와의 교훈은 정직하여 마음을 기쁘게 하고 여호와의 계명은 순결하여 눈을 밝게 하도다 _시 19:8

Title :

Date : . .

너의 자녀 중에 우리가 아버지께 받은 계명대로 진리에 행하는 자를 내가 보니 심히 기쁘도다 _요이 1:4

Title :

Date : . .

네가 네 자신과 가르침을 삼가 이 일을 계속하라 이것을 행함으로 네 자신과 네게 듣는 자를 구원하리라 _딤전 4:16

Title :

Date : . .

그를 높이라 그리하면 그가 너를 높이 들리라 만일 그를 품으면 그가 너를 영화롭게 하리라 _잠 4:8

Title :

Date : . .

Title :

Date : . .

하나님이 우리에게 주신 것은 두려워하는 마음이 아니요 오직 능력과 사랑과 근신하는 마음이니 _딤후 1:7

Title :

Date : . .

너는 청년의 때 곧 곤고한 날이 이르기 전, 나는 아무 낙이 없다고 할 해가 가깝기 전에 너의 창조자를 기억하라 _전 12:1

Title :

Date : . .

Title :

Date :   .   .

자기 목숨을 얻는 자는 잃을 것이요 나를 위하여 자기 목숨을 잃는 자는 얻으리라 _마 10:39

Title :

Date : . .

지혜 있는 자에게 교훈을 더하라 그가 더욱 지혜로와질 것이요 의로운 사람을 가르치라 그의 학식이 더하리라 _잠 9:9

Title :

Date : . .

Title :

Date : . .

Title :

Date : . .

그는 쇠하지 아니하며 낙담하지 아니하고 세상에 공의를 세우기에 이르리니 섬들이 그 교훈을 앙망하리라 _사 42:4

Title :

Date : . .

Title :

Date : . .

너희를 불러 그의 아들 예수 그리스도 우리 주로 더불어 교제케 하시는 하나님은 미쁘시도다 _고전 1:9

Title :

Date : . .

화평케 하는 자들은 화평으로 심어 의의 열매를 거두느니라_약 3:18

Title :

Date : . .

그가 그 조물 중에 우리로 한 첫 열매가 되게 하시려고 자기의 뜻을 좇아 진리의 말씀으로 우리를 낳으셨느니라 _약 1:18

Title :

Date : . .

여호와의 영광이 나타나고 모든 육체가 그것을 함께 보리라 대저 여호와의 입이 말씀하셨느니라_사 40:5

Title :

Date : . .

십자가의 도가 멸망하는 자들에게는 미련한 것이요 구원을 얻는 우리에게는 하나님의 능력이라 _고전 1:18

Title :

Date : . .

Title :

Date : . .

Title :

Date : . .

피차 사랑의 빚 외에는 아무에게든지 아무 빚도 지지 말라 남을 사랑하는 자는 율법을 다 이루었느니라 _롬 13:8

Title :

Date : . .

Title :

Date : . .

내가 아버지께 구하겠으니 그가 또 다른 보혜사를 너희에게 주사 영원토록 너희와 함께 있게 하시리니 _요 14:16

Title :

Date : . .

주는 나의 도움이 되셨음이라 내가 주의 날개 그늘에서 즐거이 부르리이다 _시 63:7

Title :

Date : . .

누구든지 그리스도와 합하여 세례를 받은 자는 그리스도로 옷입었느니라 _갈 3:27

Title :

Date : . .

너는 범사에 그를 인정하라 그리하면 네 길을 지도하시리라 _잠 3:6

Title :

Date : . .

그런즉 깨어 있으라 너희는 그 날과 그 시를 알지 못하느니라 _마 25:13

Title :

Date : . .

누가 주의 마음을 알아서 주를 가르치겠느냐 그러나 우리가 그리스도의 마음을 가졌느니라 _고전 2:16

Title :

Date : . .

대저 사람의 길은 여호와의 눈 앞에 있나니 그가 그 모든 길을 평탄케 하시느니라 _잠 5:21

Title :

Date : . .

Title :

Date : . .

하나님 우리 아버지와 주 예수 그리스도로 좇아 은혜와 평강이 너희에게 있을지어다_엡 1:2

Title :

Date : . .

Title :

Date : . .

Title :

Date : . .

지금까지는 너희가 내 이름으로 아무 것도 구하지 아니하였으나 구하라 그리하면 받으리니 너희 기쁨이 충만하리라 _요 16:24

Title :

Date : . .

예수를 너희가 보지 못하였으나 사랑하는도다 이제도 보지 못하나 믿고 말할 수 없는 영광스러운 즐거움으로 기뻐하니 _벧전 1:8

Title :

Date : . .

보라 내가 새 하늘과 새 땅을 창조하나니 이전 것은 기억되거나 마음에 생각나지 아니할 것이라 _사 65:17

Title :

Date : . .

여호와여 아침에 주께서 나의 소리를 들으시리니 아침에 내가 주께 기도하고 바라리이다_시 5:3

Title :

Date : . .

Title :

Date : . .

하나님이여 주는 하늘 위에 높이 들리시며 주의 영광은 온 세계 위에 높아지기를 원하나이다 _시 57:5

Title :

Date : . .

인내를 온전히 이루라 이는 너희로 온전하고 구비하여 조금도 부족함이 없게 하려 함이라 _약 1:4

Title :

Date : . .

여호와는 나의 힘이요 노래시며 나의 구원이시로다 그는 나의 하나님이시니 내가 그를 찬송할 것이요 _출 15:2

Title :

Date : . .

여호와의 도가 정직한 자에게는 산성이요 행악하는 자에게는 멸망이니라 _잠 10:29

Title :

Date : . .

Title :

Date : . .

또 누구든지 내 이름으로 이런 어린 아이 하나를 영접하면 곧 나를 영접함이니 _마 18:5

Title :

Date : . .

그는 네 찬송이시요 네 하나님이시라 네가 목도한바 이같이 크고 두려운 일을 너를 위하여 행하셨느니라 _신 10:21

Title :

Date : . .

Title :

Date : . .

너희 안에서 행하시는 이는 하나님이시니 자기의 기쁘신 뜻을 위하여 너희로 소원을 두고 행하게 하시나니 _빌 2:13

Title :

Date : . .

이 율법책을 네 입에서 떠나지 말게 하며 주야로 그것을 묵상하여 그 가운데 기록한대로 다 지켜 행하라 _수 1:8

Title :

Date : . .

그러므로 무엇이든지 남에게 대접을 받고자 하는대로 너희도 남을 대접하라 이것이 율법이요 선지자니라_마 7:12

Title :

Date : . .

Title :

Date : . .

Title :

Date : . .

그러나 이제 그가 더 아름다운 직분을 얻으셨으니 이는 더 좋은 약속으로 세우신 더 좋은 언약의 중보시라 _히 8:6

Title :

Date : . .

너희 속에 착한 일을 시작하신 이가 그리스도 예수의 날까지 이루실 줄을 우리가 확신하노라_빌 1:6

Title :

Date : . .

누구든지 예수를 하나님의 아들이라 시인하면 하나님이 저 안에 거하시고 저도 하나님 안에 거하느니라 _요일 4:15

Title :

Date : . .

너희는 사랑의 입맞춤으로 피차 문안하라 그리스도 안에 있는 너희 모든 이에게 평강이 있을찌어다 _벧전 5:14

Title :

Date : . .

인자가 온것은 섬김을 받으려 함이 아니라 도리어 섬기려 하고 자기 목숨을 많은 사람의 대속물로 주려 함이니라 _마 20:28

Title :

Date : . .

Title :

Date : . .

Title :

Date : . .

네 부모를 공경하라, 네 이웃을 네 몸과 같이 사랑하라 하신 것이니라 _마 19:19

Title :

Date : . .

우리가 선을 행하되 낙심하지 말찌니 피곤하지 아니하면 때가 이르매 거두리라 _갈 6:9

Title :

Date : . .

그러나 이 모든 일에 우리를 사랑하시는 이로 말미암아 우리가 넉넉히 이기느니라 _롬 8:37

Title :

Date : . .

나를 사랑하는 자들이 나의 사랑을 입으며 나를 간절히 찾는 자가 나를 만날 것이니라 _잠 8:17

Title :

Date : . .

Title :

Date : . .

여호와는 의로우사 의로운 일을 좋아하시나니 정직한 자는 그 얼굴을 뵈오리로다 _시 11:7

Title :

Date : . .

하늘로서 소리가 있어 말씀하시되 이는 내 사랑하는 아들이요 내 기뻐하는 자라 하시니라_마 3:17

Title :

Date : . .

오직 우리의 시민권은 하늘에 있는지라 거기로서 구원하는 자 곧 주 예수 그리스도를 기다리노니 _빌 3:20

Title :

Date : . .

오직 주의 말씀은 세세토록 있도다 하였으니 너희에게 전한 복음이 곧 이 말씀이니라 _벧전 1:25

Title :

Date : . .

Title :

Date : . .

Title :

Date : . .

할렐루야 우리 하나님께 찬양함이 선함이여 찬송함이 아름답고 마땅하도다 _시 147:1

Title :

Date : . .

Title :

Date : . .

Title :

Date : . .

Title :

Date : . .

너는 돌아와 다시 여호와의 말씀을 순종하고 내가 오늘날 네게 명한 그 모든 명령을 행할 것이라 _신 30:8

Title :

Date : . .

나를 능하게 하신 그리스도 예수 우리 주께 내가 감사함은 나를 충성되이 여겨 내게 직분을 맡기심이니 _딤전 1:12

Title :

Date : . .

마음이 지혜로운 자가 명철하다 일컬음을 받고 입이 선한 자가 남의 학식을 더하게 하느니라 _잠 16:21

Title :

Date : . .

평안을 너희에게 끼치노니 곧 나의 평안을 너희에게 주노라 내가 너희에게 주는 것은 세상이 주는 것 같지 아니하니라 _요 14:27

Title :

Date : . .

Title :

Date : . .

너희가 그 은혜를 인하여 믿음으로 말미암아 구원을 얻었나니 이것이 너희에게서 난 것이 아니요 하나님의 선물이라_엡 2:8

Title :

Date : . .

사람이 마음으로 믿어 의에 이르고 입으로 시인하여 구원에 이르느니라 _롬 10:10

Title :

Date : . .

예수께서 우리를 위하여 죽으사 우리로 하여금 깨든지 자든지 자기와 함께 살게 하려 하셨느니라_살전 5:10

Title :

Date : . .

여호와는 그 얼굴을 네게로 향하여 드사 평강 주시기를 원하노라 할찌니라 하라 _민 6:26

Title :

Date : . .

우슬초로 나를 정결케 하소서 내가 정하리이다 나를 씻기소서 내가 눈보다 희리이다 _시 51:7

Title :

Date : . .

이러므로 너희가 주 안에서 모든 기쁨으로 저를 영접하고 또 이와 같은 자들을 존귀히 여기라 _빌 2:29

Title :

Date : . .

여호와께서 자기 백성에게 힘을 주심이여 여호와께서 자기 백성에게 평강의 복을 주시리로다_시 29:11

Title :

Date : . .

아버지께서 나를 사랑하신 것 같이 나도 너희를 사랑하였으니 나의 사랑 안에 거하라 _요 15:9

Title :

Date : . .

Title :

Date : . .

사랑은 오래 참고 사랑은 온유하며 투기하는 자가 되지 아니하며 사랑은 자랑하지 아니하며 교만하지 아니하며 _고전 13:4

Title :

Date : . .

Title :

Date : . .

하나님을 따라 의와 진리의 거룩함으로 지으심을 받은 새 사람을 입으라 _엡 4:24

Title :

Date : . .

진리를 좇는 자는 빛으로 오나니 이는 그 행위가 하나님 안에서 행한 것임을 나타내려 함이라 하시니라 _요 3:21

Title :

Date : . .

하나님은 권능과 위엄을 가지셨고 지극히 높은 곳에서 화평을 베푸시느니라 _욥 25:2

Title :

Date : . .

예수께서 가라사대 너희에게 평강이 있을지어다 아버지께서 나를 보내신 것 같이 나도 너희를 보내노라 _요 20:21

Title :

Date : . .

Title :

Date : . .

그러나 너희 듣는 자에게 내가 이르노니 너희 원수를 사랑하며 너희를 미워하는 자를 선대하며 _눅 6:27

Title :

Date : . .

사랑하는 자들아 우리가 이같이 말하나 너희에게는 이보다 나은 것과 구원에 가까운 것을 확신하노라 _히 6:9

Title :

Date : . .

주 예수 그리스도의 은혜와 하나님의 사랑과 성령의 교통하심이 너희 무리와 함께 있을찌어다_고후 13:13

Title :

Date : . .

그런즉 너는 오늘날 상천 하지에 오직 여호와는 하나님이시요 다른 신이 없는 줄을 알아 명심하고 _신 4:39

Title :

Date : . .

Title :

Date : . .

여호와께서 자기 백성에게 힘을 주심이여 여호와께서 자기 백성에게 평강의 복을 주시리로다 _시 29:11

Title :

Date : . .

공의와 정의를 행하는 것은 제사 드리는 것보다 여호와께서 기쁘게 여기시느니라 _잠 21:3

Title :

Date : . .

울며 씨를 뿌리러 나가는 자는 정녕 기쁨으로 그 단을 가지고 돌아오리로다 _시 126:6

Title :

Date : . .

너는 말씀을 전파하라 때를 얻든지 못 얻든지 항상 힘쓰라 범사에 오래 참음과 가르침으로 경책하며 경계하며 권하라 _딤후 4:2

Title :

Date : . .

너희가 만일 경에 기록한 대로 네 이웃 사랑하기를 네 몸과 같이 하라 하신 최고한 법을 지키면 잘하는 것이거니와 _약 2:8

Title :

Date : . .

하나님께 속한 자는 하나님의 말씀을 듣나니 너희가 듣지 아니함은 하나님께 속하지 아니하였음이로다 _요 8:47

Title :

Date : . .

율법은 믿음에서 난 것이 아니라 이를 행하는 자는 그 가운데서 살리라 하였느니라 _갈 3:12

Title :

Date : . .

주의 인자가 생명보다 나으므로 내 입술이 주를 찬양할 것이라 _시 63:3

Title :

Date : . .

너희를 위하여 하늘에 쌓아둔 소망을 인함이니 곧 너희가 전에 복음 진리의 말씀을 들은 것이라 _골 1:5

Title :

Date : . .

여호와는 나의 분깃이시니 나는 주의 말씀을 지키리라 하였나이다 _시 119:57

Title :

Date : . .

내가 여호와께 말하기를 주는 나의 하나님이시니 여호와여 나의 간구하는 소리에 귀를 기울이소서 하였나이다 _시 140:6

Title :

Date : . .

선을 행함으로 고난 받는 것이 하나님의 뜻일찐대 악을 행함으로 고난 받는 것보다 나으니라 _벧전 3:17

Title :

Date : . .

Title :

Date : . .

Title :

Date : . .

Title :

Date : . .

네 의를 빛같이 나타내시며 네 공의를 정오의 빛같이 하시리로다 _시 37:6

Title :

Date : . .

그런즉 네 하나님 여호와의 말씀을 복종하여 내가 오늘날 네게 명하는 그 명령과 규례를 행할찌니라 _신 27:10

Title :

Date : . .

주께서 너희를 우리 주 예수 그리스도의 날에 책망할 것이 없는 자로 끝까지 견고케 하시리라 _고전 1:8

Title :

Date : . .

그러므로 저희를 본받지 말라 구하기 전에 너희에게 있어야 할 것을 하나님 너희 아버지께서 아시느니라 _마 6:8

Title :

Date : . .

너희가 만일 너희를 사랑하는 자를 사랑하면 칭찬 받을 것이 무엇이뇨 죄인들도 사랑하는 자를 사랑하느니라 _눅 6:32

Title :

Date : . .

금 곧 많은 정금보다 더 사모할 것이며 꿀과 송이꿀보다 더 달도다 _시 19:10

Title :

Date : . .

그러나 여호와여 주는 우리 아버지시니이다 우리는 진흙이요 주는 토기장이시니 우리는 다 주의 손으로 지으신 것이라 _사 64:8

Title :

Date : . .

내 아들아 또 경계를 받으라 여러 책을 짓는 것은 끝이 없고 많이 공부하는 것은 몸을 피곤케 하느니라 _전 12:12

Title :

Date : . .

여호와를 경외하는 자에게는 견고한 의뢰가 있나니 그 자녀들에게 피난처가 있으리라 _잠 14:26

Title :

Date : . .

Title :

Date : . .

또 사람에게 이르시기를 주를 경외함이 곧 지혜요 악을 떠남이 명철이라 하셨느니라 _욥 28:28

Title :

Date : . .

또 증거는 이것이니 하나님이 우리에게 영생을 주신 것과 이 생명이 그의 아들 안에 있는 그것이니라 _요일 5:11

Title :

Date : . .

소망 중에 즐거워하며 환난 중에 참으며 기도에 항상 힘쓰며 _롬 12:12

Title :

Date : . .

주께서 내 원수의 목전에서 내게 상을 베푸시고 기름으로 내 머리에 바르셨으니 내 잔이 넘치나이다 _시 23:5

Title :

Date : . .

우리가 사방으로 우겨쌈을 당하여도 싸이지 아니하며 답답한 일을 당하여도 낙심하지 아니하며 _고후 4:8

Title :

Date : . .

내가 너를 보배롭고 존귀하게 여기고 너를 사랑하였은즉 내가 사람들을 주어 너를 바꾸며 백성들로 네 생명을 대신하리니 _사 43:4

Title :

Date : . .

Title :

Date : . .

여호와를 경외하는 것은 생명의 샘이라 사망의 그물에서 벗어나게 하느니라 _잠 14:27

Title :

Date : . .

Title :

Date : . .

우리가 너희 믿음을 주관하려는 것이 아니요 오직 너희 기쁨을 돕는 자가 되려 함이니 이는 너희가 믿음에 섰음이라 _고후 1:24

Title :

Date : . .

주께서 생명의 길로 내게 보이셨으니 주의 앞에서 나로 기쁨이 충만하게 하시리로다 하였으니 _행 2:28

Title :

Date : . .

주의 아름다운 복으로 저를 영접하시고 정금 면류관을 그 머리에 씌우셨나이다 _시 21:3

Title :

Date : . .

푯대를 향하여 그리스도 예수 안에서 하나님이 위에서 부르신 부름의 상을 위하여 좇아가노라 _빌 3:14

Title :

Date : . .

여호와여 내 입 앞에 파숫군을 세우시고 내 입술의 문을 지키소서 _시 141:3